LA

MUSIQUE

POÈME

PAR LÉON BAUX

DEUXIÈME ÉDITION

ENTIÈREMENT REFONDUE ET CONSIDÉRABLEMENT AUGMENTÉE.

A PARIS

Chez Ledoyen, libraire, galerie d'Orléans, 31, Palais-Royal;

A CHARLEVILLE ET DANS LE DÉPARTEMENT,

Chez les principaux libraires.

1863

LA MUSIQUE

CHARLEVILLE

TYPOGRAPHIE ET LITHOGRAPHIE DE A. POUILLARD.

LA
MUSIQUE

POÈME

PAR LÉON BAUX

DEUXIÈME ÉDITION
ENTIÈREMENT REFONDUE ET CONSIDÉRABLEMENT AUGMENTÉE.

A PARIS

Chez LEDOYEN, libraire, galerie d'Orléans, 31, Palais-Royal;

A CHARLEVILLE ET DANS LE DÉPARTEMENT,
Chez les principaux libraires.

1863
1864

PRÉFACE.

L'accueil aussi indulgent que favorable dont la première édition de cet ouvrage a été l'objet, en l'année 1854, bien qu'il fût loin d'atteindre le but que je devais me proposer, m'a engagé à l'étendre et à l'améliorer. J'ai donc dû y apporter des réformes essentielles, et lui faire embrasser plus complètement les scènes qu'anime et que charme l'harmonie.

J'ai toujours été animé du goût des beaux arts; je leur dois, pour ainsi dire, les seuls doux instants de ma jeunesse maladive; et, depuis l'âge de vingt ans seulement, la poésie est devenue l'objet particulier de mon culte, et l'art des vers l'occupation favorite de mes loisirs.

Un jour, quoique attaché au lit de la douleur, l'enivrement et l'exaltation causés chez moi par l'harmonie me firent essayer mes premiers vers; et, quelques années plus tard, un hasard m'ayant fait reparler le langage des muses, et la poésie s'étant offerte inopinément à moi, pour me remplir d'inspirations brûlantes et des transports les plus délirants, je me souvins de mes premiers vers sur la musique, et je conçus le poème qui, après avoir servi de thème à mes premiers essais, et avoir subi plusieurs transformations, est devenu celui que j'offre ici au lecteur.

C'est ainsi que j'ai pénétré dans les vallons sacrés de la poésie, qui, sous mille enchantements, me réservaient une foule d'embûches. Mais, toujours plein de foi et de constance, j'ai pu surmonter des obstacles qui paraissaient invincibles; et, souvent, privé de science et d'érudition, j'ai dû marcher, poussé par mes aspirations, guidé par mon tact, soutenu par mon sentiment, et riche seulement de mes observations et de mon imagination. Si j'ai professé le culte du bel art, pour semer de quelques fleurs les épines sans nombre de mon existence, je dois le confesser, j'ai écrit aussi pour tous et en vue de la critique de tous : cette disposition est nécessaire à tout individu qui veut rencontrer la véritable inspiration, et qui veut approcher les hauteurs de l'art et de l'idéal; qui veut, en un mot, éviter la sécheresse et la restriction jusque dans l'art même.

Comme je l'ai dit, pour me guider dans mon sujet, je n'ai suivi que l'aspiration et l'élan de notre siècle vers les jouissances en général, et vers la musique en particulier. — Je ne m'arrêterai pas ici, pour rechercher les causes de l'engouement général et si prononcé de nos jours pour l'harmonie; l'observation pourrait en paraître trop sévère, à côté d'une œuvre qui ne doit aspirer qu'à la grâce. Seulement, si nous considérons qu'avec le progrès des arts, des sciences et des libertés, les hommes se portent plus généralement et avec plus d'ardeur vers les jouissances, et que ce qu'ils estiment le plus dans leurs jouissances, c'est la poésie, nous arrivons à dire que la poésie est toute populaire, qu'elle est du domaine de tous, comme le parfum des champs. Oui, de nos jours surtout, les poètes écrivains ne s'adressent, le plus souvent, qu'à des poètes que je qualifierai de *praticiens*. Et, puisque la poésie vit tant au milieu de nous, qu'elle foisonne, pour ainsi dire, sous nos pas, dois-je hésiter à répandre un ouvrage qui est la peinture des joies et l'expression des sentiments de tous? Dois-je craindre les censeurs, moi, qui les ai toujours si avidement cherchés? — Au contraire, j'ose espérer obtenir de chacun la part d'assentiment et d'indulgence que je puis mériter.

J'aurais voulu que mon poème, si populaire dans son objet, fût plus à la portée du plus grand nombre; mais l'art a ses lois, et le style ses exigences; et j'aime à penser que les hommes les moins éclairés, comme les moins expérimentés, souvent, sont sujets à des aspirations et à des extases qui les approchent de l'art et les élèvent vers les sublimités. Car le poète écrivain doit surtout être populaire d'esprit et de cœur, s'il veut bien diriger ses efforts, et s'il veut que ses paroles ne volent pas trop souvent dans le vide. D'ailleurs, il ne peut, en aucune façon, exposer son caractère, en coudoyant la foule et en se mêlant à ses mouvements; car il a toujours le cœur aimant et fraternel, et il a toujours pour éléments, le beau, le génie et la liberté.

LÉON BAUX.

Charleville, octobre 1863.

LA MUSIQUE

Le jour, en s'échappant des plaines, des bocages,
Fait rentrer les oiseaux sous l'abri des feuillages,
Où des vents doux et frais, balançant leur repos,
Jettent leurs derniers chants aux suaves échos.
De feux étincelants, les voûtes éthérées,
Pour fêter un hymen, semblent s'être parées ;
Et la reine des nuits roule avec majesté
Dans l'or et le saphir son disque de clarté.
Comme ce fier ruisseau qu'un orage déchaîne,
Dont le flot écumeux, s'élançant dans la plaine,

Va couvrir les sillons, et ne rentre en son lit,

Que quand dans l'air le calme en vainqueur s'établit ;

Telle de la cité la foule fourmillante,

Qui, dès l'appel du jour, et s'agite et fermente,

Se disperse, s'étend, des squares jusqu'aux bois,

Regagne, vers la nuit, le calme de ses toits.

Car l'heure, en bourdonnant de campagne en campagne,

A dit : Voici le soir, le répit m'accompagne :

Et chacun se recueille, à la fin d'un beau jour,

Plein d'efforts fructueux et d'attraits sans retour.

—Qui n'aime à contempler, assis sur la verdure,

Ou promenant ses pas sous la verte structure

De tilleuls odorants, l'aspect majestueux

Que prennent dès la nuit et la terre et les cieux ?

Qui n'aime sur son front la brise caressante,

Tamisant dans des fleurs sa fraîcheur bienfaisante ;

Sur un sombre horizon, l'azur plein de clartés ;

Le calme qui nous livre aux idéalités ?...

— O nuit, que ton mystère et me touche et m'inspire !

Que ta grandeur muette excite mon délire !

Chaque jour vient m'offrir de nouvelles beautés ;

Et de même je puise en tes immensités....

Mais un chant héroïque, un hymne magnanime

S'élève aux environs ; et son accent sublime,

Qu'inspire un noble orgueil, fait palpiter les cœurs.

La voix de la patrie, et de ses défenseurs,

Qui d'un peuple opprimé vont porter la vengeance,

Et, l'effroi des tyrans, cueillent l'indépendance,

Nous rendent frémissants, et nous rendraient soldats,

S'il fallait aller vaincre et briller aux combats...

— Chantez, frères, chantez l'amour de la patrie ;

Suscitez des héros par votre mélodie !...

A ces nobles couplets succède un autre chant :

Tendre, majestueux, il est doux et touchant ;

Mêlant à ses attraits les voix de l'harmonie,

Il attendrit mon âme, exaltée et ravie,

Qui déborde bientôt de délices, d'amour,

Et, frémissante, fuit du terrestre séjour....

A des flots parfumés mes esprits s'abandonnent,

Ivresses, voluptés m'enlèvent, m'environnent ;

Et, flottant au milieu de suaves accents,

Dans l'extase je noie et mon cœur et mes sens....

Mon âme, avec les sons, ondulant vers la nue,

Ainsi ravit aux cieux une joie inconnue ;

Et l'enivrant concert a cessé ses accords,

Que ne s'épuisent point mes délirants transports ;

Que mon souffle en suspens, mon cœur qui les aspire,

Sont encore soumis à leur magique empire....

O musique, ô chansons, accords délicieux,

Par quel secret pouvoir nous ouvrez-vous les cieux?

Sont-ils votre patrie? et voulez-vous sans cesse

Y transporter tous ceux que vous comblez d'ivresse?

— Souvent dans ma carrière, et malgré ses douleurs,

Vous m'avez fait goûter d'ineffables saveurs ;

Et mon âme, par vous exaltée et ravie,

Un jour, — sans la connaître, ivre de poésie —

Crut pouvoir essayer d'enfanter des accords,

Et dans mes premiers vers exprima ses transports.

O muse ! tu le vois, pour consacrer ma lyre,

Toi-même tu m'offris le motif qui m'inspire ;

Et, depuis le beau jour où tu touchas mon cœur,

Pour lui rester fidèle et m'offrir le bonheur,

Depuis qu'en mon esprit a paru la lumière

Qui, bien que vague encor, me montrait la carrière,

O muse ! depuis lors, mes pas n'ont point cessé

Dé suivre le sentier que tu m'avais tracé.

Si tu viens aujourd'hui dérouler à ma vue

D'un poème enchanté la riante étendue,

Daigne orner mes tableaux de tes vives couleurs ;

Répand dans mes accents tes suaves douceurs ;

Et, soutenant ma voix, toujours faible et timide,

Protège tous mes pas dans leur course rapide ;

Car je suis jeune encore en tes sacrés travaux,

Et je vois en tremblant des parages nouveaux.

Mais, qu'est-ce, tout-à-coup...? L'espace sans barrière,

Contenant dans son sein la vie et la lumière,

Et me faisant goûter des chants mystérieux,

Découvre et vient offrir la Musique à mes yeux.

Dans un centre de gloire, au milieu de fluides,

Roulant et bondissant sous l'aile des Sylphides,

Je la vois sur un char, tout d'or et de saphirs,

Que mènent des milliers d'Echos et de Zéphirs.

A ces doux serviteurs elle-même confie

Les sons qu'avec délice elle donne à la vie ;

Et, toujours répandant d'enivrantes saveurs,

Elle voit les Plaisirs la couronner de fleurs.

Avec amour, ceux-ci, la contemplant sans cesse,

Exaltent sa beauté, ses yeux remplis d'ivresse,

Sa bouche délirante où les plus tendres ris

S'enivrent de parfums, et roulent des rubis.

Sur son sein, reflétant et le lys et la rose,

Le charme, aux cent couleurs, resplendit et repose;

Et ses doigts, enlacés dans des nerfs frémissants,

Font mêler à sa voix d'ineffables accents.

Par les divins attraits dont elle est éclatante,

Les mondes et les cieux en font leur tendre amante,

Et goûtent dans son sein de pures voluptés...

Mais pourrai-je toujours soutenir ces clartés?

Tout rempli que je suis de tes flots d'harmonie,

Si doux à mes esprits et si chers à ma vie,

O Musique! en ce jour, fouillerai-je les lieux

Où tu sais accomplir tes faits prodigieux?

Ah! toi-même plutôt fais paraître à ma vue

De ton sceptre enchanteur la force et l'étendue!

La brise, s'échappant des épaisses forêts,

Caressant les moissons qui dorent les guérêts,

M'apporte les accords de voix mélodieuses,

Qui, dans les hêtres verts, sous leurs voûtes ombreuses,

Invitent des amis en lieu de rendez-vous.

Près d'éclatantes voix, les accents les plus doux,

Tels que d'heureux zéphirs, traversent le feuillage :

Et c'est entre rivaux un concours qui s'engage :

Ce barde dans une ode étale son talent ;

Roule, cadence, élève, articule son chant ;

Célèbre les beaux jours inspirant l'allégresse,

Et les rameaux fleuris, se balançant sans cesse ;

Les ruisseaux frémissant sous l'aile des zéphirs,

Et les champs parfumés, ouverts à ses plaisirs.

Cet autre, en voltigeant, exprime sa tendresse,

Par des sons languissants et remplis de mollesse ;

Et celle qu'il appelle arrive, en sautillant,

Répondre à ses soupirs et s'unir à son chant.

D'une voix plus joyeuse a retenti la plaine ;

Ses échos vont frapper la noble châtelaine,

Et le berger pensif, et l'actif laboureur,

Dont les concerts des bois réjouissent le cœur.

Puis viennent des accents moëlleux et timides,

Que dominent des voix vibrantes et rapides....

Mais il est un instant où, tout silencieux,

Paraissent terminés ces chants délicieux.

Un doux gazouillement pourtant se fait entendre ;

Des sons plus véhéments ne se font pas attendre ;

Et, livrant la milice à de nouveaux transports,

Dans les airs mille voix vont former des accords :

C'est un concert d'amour, c'est un hymne de grâce,
Que de joyeux échos répandent dans l'espace.

Musique, c'est par toi que les vertes saisons,
Pour réjouir nos cœurs résonnent de chansons ;
Que ces tendres oiseaux savent, dès leur jeune âge,
Animer nos bosquets de leur brillant ramage.
A peine on voit l'aurore, en son riant parcours,
Répandre sur les fleurs ses perles des beaux jours,
Et dérober aux cieux l'étoile matinière,
Que l'écho des vallons nous redit leur prière.
Et les mortels, saisis de sons mélodieux,
Portant à l'Eternel des tributs et des vœux,
Goûtent, dès leur réveil, une douceur secrète.
Chaque jour ainsi prend pour eux un air de fête ;
Et, le cœur inspiré d'un pur et tendre amour,
Leurs regards souriant à l'or naissant du jour,
Leur âme vole à l'être où l'oraison l'arrête....
Puis, quand revient la nuit, la forêt nous répète

2

Les suaves accents du prince des chanteurs.

Il la fait tressaillir jusqu'en ses profondeurs ;

Et, modulant sa voix souple, sonore et pure,

Semble par tout son art captiver la nature.

Et nos esprits, plongés dans le recueillement,

Ne nous expriment plus que le ravissement ;

Notre âme, s'échauffant, de son hymne s'inspire,

Et grandit, dans l'élan d'un mystique délire....

Hélas ! de si beaux jours doivent bientôt passer ;

Le froid des aquilons se presse à les chasser :

Le feuillage est désert ; et dans les solitudes

Tout dort : adieu concerts, cantates et préludes !

Cependant, du lointain, m'arrivent, tout joyeux,

Les chants du laboureur aux bras laborieux.

Il vole, avec le jour, dans la féconde plaine,

Où la nature épand, de sa main toujours pleine,

Près des épis dorés, les doux fruits et les fleurs

Qui promettent des jours de joie et de douceur ;

Où des troupeaux nombreux disséminent leurs groupes,

Et, broutant l'herbe tendre, arrondissent leurs croupes ;

Où la brebis, courant à l'onde du ruisseau,

Va rafraîchir le lait si doux à son agneau.

Il ne peut exprimer le bonheur qui l'oppresse ;

Et, cédant aux élans de sa douce allégresse,

Il chante les trésors des fertiles moissons;

Et les airs parfumés emportent ses chansons.

— Je crois entendre ici l'hymne de la nature,

A sa propre richesse empruntant sa parure,

Et, d'une voix géante, élançant jusqu'aux cieux

L'amour qu'elle respire en leurs dons généreux.

Les rustiques travaux s'animent dans la plaine ;

Les vents doux ont perdu déjà leur fraîche haleine ;

Et l'on voit le berger, suivi de ses troupeaux,

Laisser le serpolet et gagner les ormeaux.

Dans le gazon fleuri d'une riche vallée,

Et roulant les trésors de son onde perlée,

Un ruisseau mollement parcourt les environs.

C'est vers ces bords riants que pasteur et moutons,

Se dérobant au poids d'une chaleur ardente,

S'empressent de chercher une ombre bienfaisante.

Mais une douce voix s'élève dans les champs ;

Le gardien des hauts parcs fait entendre ses chants ;

Et, ses légers couplets volant dans la campagne,

Son amante, bientôt, survient et l'accompagne :

Et bergère et berger, par de naïfs accents,

Frappent de leurs concerts l'oreille des passants.

Et toute la nature, opérant en silence,

N'a qu'un sublime écho qui vers les cieux s'élance.

Cessant de se nourrir, les troupeaux attentifs,

Bientôt, lèvent la tête et demeurent pensifs....

Les vents sont apaisés ; et, du sein des prairies,

Se lèvent les doux fronts des fleurs épanouies ;

Le feuillage, en repos, reçoit tous les zéphirs,

Qui, pour goûter les sons, ont cessé leurs plaisirs.

Tout cède à tes attraits, tu vaincs tout par tes charmes ;

Tu fais taire les ris, et tu sèches les larmes ;

Et tout, à tes accents purs et délicieux,

Pour jouir, se recueille et se reporte aux cieux.

Mais, nous laissons les champs, leur riante culture,

Leurs calmes habitants, leurs troupeaux en pâture,

Pour aller retrouver les bruyantes cités,

Où les mortels nombreux sont toujours agités.

Là, près des hauts frontons que dresse l'opulence,

Les arts ont leurs palais et leur magnificence;

Piétons, fiacres, coupés se croisent en tous sens;

Acrobates, chanteurs arrêtent les passants;

Le large boulevard s'improvise en théâtre,

Où, serrés, les badauds viennent rire et s'ébattre,

Et de joyeux couplets, s'élevant dans les airs,

Redisent leurs refrains, parés de nouveaux airs,

Que l'orgue harmonieux ou la harpe si tendre

Et conduit et soutient, et laisse se suspendre.

La muse populaire ainsi sème à tout vent

Ses accents, que rumeurs, fracas couvrent souvent.

A s'attacher les cœurs mettant toute sa gloire,

De la foule elle sait conquérir la mémoire ;

Et son triomphe, allant des villes aux hameaux,

Va s'ouvrir, pour régner, chaumières et châteaux.

La fille au front brillant d'attraits et de jeunesse,

L'artisan, qui suspend la tâche qui le presse,

Ecoutent cette voix aux émouvants discours,

Célébrant la gaîté, les armes, les amours.

Et plus tard, quand les ans auront blanchi leur tête,

A leurs petits enfants, comme en un jour de fête,

S'unissant à leurs ris, encourageant leurs jeux,

Ils rediront ces chants et ceux de leurs aïeux.

Telle sourit la mère à la faible innocence

De l'enfant qui se joue, en sa plus tendre enfance ;

Et qui, dans son berceau, mollement balancé,

Goûte, en s'assoupissant, le rhythme cadencé

Des naïves chansons. Et, sous l'œil qui le veille,

Dans des cheveux bouclés, sa face, plus vermeille

Par les premiers pavots, semblent encore rêver,

Dans l'extase du chant qui vient de s'achever.

Mais ailleurs, et cédant au pouvoir qui m'entraîne,

Je pénètre en un lieu de travail et de peine,

Où l'on voit du labeur les adeptes groupés,

Le front noir, les bras nus et les membres crispés,

Consacrer leurs efforts, de journée en journée,

A conquérir leur part des bienfaits de l'année.

L'industrie animant ces vastes ateliers,

Où se meuvent toujours cent et cent ouvriers,

Un singulier concert vient frapper mon ouïe,

Et fait dans mon esprit naître la rêverie.

Bien avant que l'aurore ait souri dans les cieux,

Aussitôt que le jour vient dévoiler nos yeux,

Avant l'ordre d'en haut, avant que tout s'éveille,

L'artisan, non assez reposé de la veille,

S'arrache de sa couche, et reprend ses travaux.

Un pénible labeur compte peu dans ses maux ;

Son courage renaît, son ardeur se rallume,

Alors que son marteau résonne sur l'enclume.

Et par lui vingt brasiers affamés, mugissants,

Qui noircissent les airs des vapeurs de leurs flancs,

Ductilisent un fer qu'ils dévorent sans cesse.

Près d'eux la lime crie et ronge avec adresse.

Sur des axes brûlants et fixes dans leur cours,

Roulant et déroulant leur ceinture toujours,

Sont plus loin des agents de force et de vitesse ;

C'est par eux que le fer se polit ou se dresse,

Se fouille, s'arrondit, sous les dents de l'acier,

Tandis qu'ailleurs le tranche un pesant balancier.

Puis, à cet air fouetté, qui souffle et qui bourdonne,

S'unissent mille coups dont l'enceinte résonne ;

Le sifflet des vapeurs fuyant la pression ;

Et le plaint des métaux en transformation.

Et, déployant toujours la puissance, l'adresse,

L'artisan courageux et s'anime et se presse ;

Soudain, comme inspiré, dans un joyeux élan,

Précipite des coups qu'il poursuit en chantant :

Il chante nos grands jours de gloire et de puissance ;

Les héros, ses aïeux qu'illustra la vaillance.

L'égoïsme éhonté, perfides et tyrans,

Pour s'entendre flétrir, sortent de tous les rangs ;

Ils tremblent à sa voix, qui s'émeut et résonne.

A de plus vifs transports encore il s'abandonne,

Quand, la stance évoquant des jours de liberté,

Son cœur s'emplit d'espoir et son œil de clarté...

Et viennent la romance, aux accents de tendresse,

Et les couplets grivois des plaisants du Permesse :

C'est ainsi que partout je vois le travailleur

Chanter avec amour, en versant la sueur.

Car à lui la chanson sourit comme un beau rêve ;

Avec elle sa tâche et commence et s'achève...

— Pourtant, en écoutant, avec un doux plaisir,

Sa voix mêlée aux bruits qui ne font que grandir,

Je ressens dans mon sein l'amertume secrète

D'un cœur compatissant, qui craint et s'inquiète.

Ah ! c'est que trop souvent l'ouvrier vertueux,

Malgré tous les efforts d'un bras laborieux,

Parcourt toute sa vie en proie à l'indigence.

Et ce n'est point ici sa plus grande souffrance :

En butte avec le sort, seul, il peut le braver ;

Rechercher son caprice, et même l'éprouver ;

Mais pour lui de l'hymen le charme se déploie ;

Venant avec douceur, il l'enivre de joie ;

Le séduit par les traits de captieux discours ;

Et bientôt le saisit, l'enchaîne pour toujours....

C'est alors qu'une épouse à ses gains vient prétendre ;

Que vers lui de ses fils la voix se fait entendre :

Ils sont trop peu vêtus, ils pleurent, ils ont faim,

Et tout l'argent gagné ne peut payer leur pain....

Ainsi, bientôt l'amour, en butte à la misère,

Ou s'efface, ou s'effleure ; et dans l'humble chaumière,

Où la nécessité constamment se fait voir,

La famille végète, et vit sans autre espoir.

— Par un destin ingrat, souvent, le prolétaire

N'a pas, dis-je, l'espoir d'un avenir prospère ;

C'est l'effroi dans le cœur qu'il voit croître ses ans ;

Surtout s'il n'est doté de vertueux enfants ;

S'il ne peut sur leurs bras fonder son espérance,

S'il ne peut dans leurs cœurs placer sa confiance.

Car, un jour, accablé par la caducité,

Il n'aura de secours que de la charité,

Qui fait tant aujourd'hui pour aider la faiblesse

Du digne travailleur, vaincu par la vieillesse.

Mais si la bienfaisance, envers tous agissant,

Soutient le malheureux, dans un besoin pressant ;

Lui donne vêtements, asile, subsistance,

Et jusqu'à son trépas lui prête l'assistance ;

Pour prix de son épreuve, obtient-il le bonheur ?

Avec le nécessaire, a-t-il quelque douceur ?

Je ne sais ; mais je vois — la sagesse l'exige —

Qu'une règle sévère en tout temps le dirige.

Sous le joug du besoin, autrefois il vivait ;

Maintenant je le vois sous le joug du bienfait !...

C'est donc pour échapper au fiel, à la tristesse

Qui, s'attachant à lui, le poursuivent sans cesse,

Que parfois l'artisan exhale des chansons.

Il brave les ennuis par la joie et les sons ;

Et, goûtant les accents d'une muse badine,

Voile les jours amers que le sort lui destine.

—O poètes ! chantez, faites chanter toujours ;

Et des jours des humains embellissez le cours !

Vous avez mission de frapper, de séduire,

D'éclairer les esprits, d'y porter le délire ;

Que toujours vos accords, joints à la vérité,

Ennoblissent les cœurs, en versant la gaîté.

Travail veut le repos, et repos veut la fête.

Partout sur les fronts brille une joie indiscrète ;

On célèbre aujourd'hui du bourg le saint patron :

Et qui dit jour de fête a dit jour de chanson.

Chaque âge a ses plaisirs. Ceux qu'aimait notre enfance

Nous sont chers entre tous, par leur douce innocence.

Le cœur qui les sentit goûte leurs souvenirs,

Et leur adresse, hélas ! souvent d'amers soupirs.

— Pendant que les enfants chantent, dansent des rondes,

Sur le bal les amants ont réuni leurs blondes,

Où la caisse tonnante et d'aigres violons

Appellent, sans relâche, et filles et garçons.

Des madriers, sortis des plus voisines granges,

Montés sur des tonneaux, attendant les vendanges,

Composent une estrade, où l'orchestre placé
Domine le public autour de lui pressé.
A la voix du quadrille, à l'élan qu'il lui donne
Soumet ses mouvements l'essaim qui tourbillonne;
Et la fraîche jeunesse, en ses coquets atours,
Dessine de ses pas les gracieux contours.
Les crânes du pays, tournant autour des belles,
Couvertes de rubans, de soie et de dentelles,
Attirent les regards par leurs ébats joyeux,
Leurs libres entrechats et leurs sauts périlleux.
Souriante, la grâce, en face du grotesque,
Complète, en le charmant, ce tableau tout burlesque;
Et le jour, abaissant ses splendides clartés,
Fait croître des galants les douces libertés.

O musique! ces jeux, sans tes voix délectables,
Ne nous paraîtraient-ils plus bizarres qu'aimables?
Pourraient-ils subsister pour réjouir nos cœurs,
Enfanter les amours et déguiser nos mœurs?

Partout aux environs, la polka, le quadrille,

Frappent de leurs échos un monde qui fourmille,

Qui s'attroupe, en riant, près des jeux de hasard,

Et goûte les discours du charlatan bavard.

Ici, sur des chevaux, fixes dans leurs allures,

Au regard insensible, aux vives bigarrures,

S'élancent des enfants échappés aux genoux

D'un amour complaisant ; et l'amante aux yeux doux,

La tendre adolescente, accourent avec joie

Sous le pavois brillant qui sans cesse tournoie ;

Où les garçons, gaîment, se donnent rendez-vous.

Ce cercle de beaux fronts, sillonnant un air doux,

Semble se dérober aux regards de la foule ;

La musique l'entraîne, et la force le roule ;

Et, carrousel badin, son tourbillon fait voir

La belle dont les yeux baissent leur doux miroir.

Amazone de l'air, laissant flotter la rêne

Sur le cou du coursier qu'elle monte en l'arêne,

Elle enlace son bras au bras qui les soutient,

Et laisse balancer son gracieux maintien.

Livrant ses longs cheveux aux flots de la lumière,

Elle incline la tête et le corps en arrière.

Un doux enivrement s'empare de son cœur ;

Ses beaux yeux, sans regard, s'emplissent de langueur ;

Et son léger sourire, éclos parmi des roses,

Décore l'abandon de ses lascives poses.

C'est ainsi qu'emportée elle vole, elle fuit,

Semblant unir sa voix au chant qui la conduit.

Cent fois elle apparaît, et cent fois, comme un rêve,

Elle s'évanouit dans l'élan qui l'enlève....

Ces jeux, toujours si doux, sont suivis d'autres jeux ;

Chacun peut satisfaire un goût capricieux :

Sur un tapis, trois dés, qu'un gobelet élance,

Font doubler un enjeu qui vient tenter la chance ;

Sur des plateaux tournants, surchargés de cristaux,

De porcelaines, d'or décorant les émaux.

Le sort vient dire à tous : Tournez d'une main sûre,

Ces beaux lots sont pour vous, ce ruban vous l'assure ;

Et les doux pains au miel, les sucres alléchants,

Ont le même discours pour les petits enfants.

Les plus grands vont viser à ces têtes mobiles,

Qui, d'une arme appelant de légers projectiles,

S'abattent, témoignant du plus adroit tireur.

Et viennent s'essayer, le troupier, le chasseur.

A côté, la trompette et la caisse roulante

Serrent près des tréteaux la foule qui s'augmente,

Et qui de fous plaisirs, naïve, vient jouir.

Elle applaudit Pierrot, qui lui dit d'applaudir,

Quand, par de gros lazzis, des soufflets, des grimaces,

Il fait, en sa parade, épanouir les faces.

Et chacun, pour entrer, prendre place à ses bancs,

Va, se rue et se presse, à se rompre les flancs.

Non loin, sous des berceaux de treille et de verdure,

Des fêtes de Bacchus je revois la figure.

De toutes parts, le vin, dégorgeant à longs flots,

Excite les couplets, les ris et les bons mots;

Amis, jeunes et vieux, familles réunies,

Rappellent, en trinquant, les bouteilles remplies;

Et chacun, sous l'effet d'enivrantes vapeurs,

S'unit aux gais refrains qui suscitent des chœurs.

Cent voix, comme une voix vibrante et réjouie,

Font éclater la fête avec sa poésie;

Elans d'amour, de joie, élans de voluptés,

S'expriment par ces chœurs, et par tous sont chantés.

La nuit de ses doigts frais étend déjà ses voiles,

Et montre de son front les premières étoiles.

Les berceaux, animés de couplets égayants,

Les cercles de la danse aux groupes tournoyants,

N'offrent plus que l'aspect morne de la retraite.

A de nouveaux plaisirs cette foule s'apprête,

Et gagne lentement les sentiers du logis.

Les groupes amoureux, les chants et les lazzis

Sont suivis pas à pas du penseur qui s'isole,

Et qui goûte, en riant, même la gaîté folle.

Mais bientôt des clartés brillent de toutes parts,

Pour éclairer la joie et sourire aux regards.

Par un bal d'apparat doit finir la soirée ;

Et la jeunesse ira légère et plus parée.

Au bout d'une avenue, où des ormes épais

Versent, en s'alignant, la verdure et le frais,

S'élève un édifice, ouvert à Terpsichore,

Que l'art de mille feux illumine et décore.

Des myrtes, des lauriers, en gradins disposés,

Ornent de leur feuillage et de reflets rosés

Le large vestibule, où chacun prend passage,

Pour aller au plaisir qui de nouveau s'engage,

Ainsi, nous pénétrons dans de vastes salons,

Dont les riches lambris sont ornés de festons

Et de nœuds de verdure. Ici tout peint la fête ;

Tout y sait étaler une grâce coquette :

De trophée en trophée, où bannières, couleurs

Captivent les regards, la guirlande de fleurs

S'enlace et se déroule ; et l'orgueilleuse glace,

Qui, sous son front doré, semble étendre l'espace,

Suspend à ses côtés ses odorants anneaux.

Elle va s'attacher à d'élégants panneaux,

Qui des jeux des amours nous offrent la peinture ;

Et se courbe en écharpe ou se roule en ceinture

Sur des bustes riants, placés pour applaudir

Tout un monde de joie, empressé de jouir.

— L'astre éclatant du jour a fini sa carrière ;

La bougie et le gaz remplacent sa lumière ;

Des lustres somptueux, descendus des plafonds,

Leur prêtant leurs bras d'or, reflètent leurs rayons ;

Parures et bijoux, et bouquets, et dentelles,

Se mêlant aux beaux yeux, lancent leurs étincelles ;

Et jeunesse et beautés, mille attraits confondus

Sont de la volupté les lacets répandus....

Le bruit confus des voix dont la salle est remplie

S'efface sous les chants d'une vive harmonie.

Un orchestre puissant fait entendre des sons,

Dont vibrent les vitraux, dont tremblent les cloisons.

Soumise à ses accents, enivrée, une foule

Sautille, se balance et s'enchaîne et s'enroule ;

En confondant ainsi sourires et senteurs,

Et les bonds de la joie et les élans des cœurs.

Par un art des accords, quelquefois suspendue,

Sa fougue recommence ; et, comme une éperdue,

Elle s'élance encore après de nouveaux jeux :

Elle glisse, elle vole, en pas capricieux,

Qui, cadençant toujours leurs grâces, leurs figures,

Nous montrent le quadrille aux légères allures ,

Là valse étourdissante, et roulant sur ses pas,

Les glissés, les sautés des schottischs, des polkas.

Ainsi, tandis qu'au loin tout repose en silence,

Ici l'heure est joyeuse et vole avec la danse.

Et quand un jour nouveau surprend ces doux plaisirs,

Les cœurs vers eux encore élancent leurs désirs.

Des attraits, renaissant aux voix de l'harmonie,

Font bondir tous les seins où palpite la vie.

Il faudra, pour dompter le cours de ces transports,
Séparer brusquement la joie et les accords.

O musique, à tes lois Terpsichore est docile ;
Et l'on voit Melpomène, à la face fébrile,
Sur la scène voulant pallier ses noirceurs,
Emprunter tes attraits, pour surprendre les cœurs ;
Comme si ses grandeurs, comme si ses alarmes
Voulaient nous préparer à saisir tous leurs charmes.
Précédant des discours qui gourmandent nos mœurs,
On te voit de Thalie adoucir les humeurs.
L'opéra, qui toujours emprunte ton langage,
Partout de tes amants emporte le suffrage ;
Etalant la richesse et des voix et des chœurs,
Il montre ta puissance, il montre tes splendeurs.
C'est là que tes sujets, cherchant la renommée,
Voient couronner leurs fronts de ta main bien-aimée.
Le vaudeville aussi, parsemé de couplets,
L'opérette, le bouffe et leurs airs guillerets,

Savent faire applaudir les voix les plus charmantes,
Dans des scènes toujours les plus réjouissantes.

A ton char attaché, plus loin je puis te voir
Charmer nos jours encore et montrer ton pouvoir.
Tu règnes parmi nous en tendre souveraine ;
Triomphante partout, la gloire est ton domaine.

Dans une riche enceinte, où l'art s'unit à l'or,
Où sculptures, couleurs prodiguent leur décor,
Une foule coquette, et calme et souriante,
Dans des stalles se presse, en une douce attente.
Cassolettes, bouquets répandent leurs senteurs ;
Les grâces, les beautés étalent leurs splendeurs ;
Et l'on voit des mortels, amants de l'harmonie,
Disposer les agents qui lui donnent la vie.

— Tout est silencieux. Et l'orchestre, agité,

Se pressant, obéit ; et tout est apprêté.

Le signal est donné : De toutes parts jaillissent

Des sons prestes, aigus, doux, puissants, qui s'unissent,

Et forment dans les airs, heureux d'y folâtrer,

Un cercle de plaisirs que chacun vient parer.

Près du tendre hautbois, le fifre, au vif langage,

De perles va couvrir le cor sourd et sauvage ;

Les violons chantant animent les pistons,

Qui, sémillants et fiers, sont suivis des clairons.

Et d'autres sons en foule, allant joindre leurs frères,

Se mêlent à leurs chants, à leurs danses légères ;

Puis, au sein de parfums et de flots lumineux,

Tous, enivrés de joie, engagent mille jeux.

On entend un amant avec sa bien-aimée,

Peignant de quels bonheurs leur âme est parfumée.

Riant à l'espérance, et comptant leurs beaux jours,

Ils fuient les envieux de leurs tendres amours :

C'est par des sons filés avec un art extrême,

Aussi doux que l'amour, et plus purs que lui-même.

Et, bientôt, la fanfare éveillant les échos,

Pour de nouveaux plaisirs, viennent d'autres héros.

Parfois, avec éclat, on voit la symphonie

Montrer des combattants défendant leur patrie ;

Faire entendre les chants triomphaux et guerriers

De valeureux soldats, tout couverts de lauriers.

Mais ici, des chasseurs, poursuivant dans la plaine

Le cerf qui devant eux fuit une mort certaine ;

Leurs coursiers galopant, écumant sous l'ardeur,

Et volant à la voix du cor et du veneur ;

Les meutes fendant l'air, les meutes glapissantes,

Avec leurs yeux sanglants et leurs gueules béantes ;

L'hôte de la forêt qui, par mille détours,

Aussi prompt que l'éclair, leur échappe toujours :

Tels se montrent les sons, et leur belle harmonie.

D'accents victorieux, la carrière remplie

Laisse entendre une voix exprimant la douleur :

C'est le cri du vaincu tombant sous son vainqueur.

Car, de ses assaillants, la victime pressée,

Agile, dans les flots, d'un bond, s'est élancée ;

Elle pleure et gémit, croyant fléchir son sort ;

Mais on vient dans ses flancs porter le coup de mort.

— Pour toujours captiver, toujours être émouvante,

Euterpe constamment paraît tendre ou brillante.

Passant du doux au grave, et du triste au joyeux,

Les sons trop retenus volent impétueux :

Les serpents de laiton, la basse, le trombonne,

La caisse, tout bondit, tout mugit, tout résonne ;

Tout vibre, tout s'émeut, dans les airs ébranlés ;

Les sons retentissants couvrent les sons perlés.

Ces accords, leurs échos, apaisant leur furie,

Laissent pourtant briller l'aimable mélodie.

Etalant ses attraits, elle attache et séduit.

Mais l'envie, en grondant, sournoisement la suit ;

Se tord et siffle et tonne, éclate, se déchire ;

Quand un decrescendo, qui contre elle conspire,

La poursuit, la combat, la domine, l'étreint :

Et des sons avec lui la voix baisse et s'éteint.

Dans l'air, où les accords bondissaient avec joie,

Les avides échos cherchent encor leur proie ;

Et tous les auditeurs, émus et transportés,

Applaudissent aux chants qu'ils ont si bien goûtés.

— Musique, c'est ici que tout ton charme éclate.

Oh ! comme à tes accents toute âme se dilate !

Comme tout cœur s'emplit, s'enivre de plaisir,
Et vole tout vibrant aux cieux pour te bénir !

Je vois que sous tes lois partout l'homme se range ;
Et, du nord au midi, de la Garonne au Gange,
Tu répands des trésors qui font naître toujours
Et les ris et les jeux, les danses, les amours.
Et jusqu'en ces tribus des plus lointains rivages,
Où la danse s'allie aux mœurs les plus sauvages,
La flûte, le tambour et le chichikoué,
Savent s'unir aux chants du Papon tatoué.
Quels que soient ces accords, ils vont à sa nature ;
Rudes comme ses sens, ils suivent son allure ;
Et, par sauts et par bonds, par des cris effrayants,
Tu fais briller la joie en ses yeux flamboyants.

Mais nous quittons bientôt ces plages tropicales,

Où la muse est grossière, où les voix sont brutales,

Pour regagner les champs des grâces, du bel art,

Dont nous ressaisissons les traces au hasard.

La fraîche adolescente, au cœur naïf et tendre,

La beauté que le monde envie et semble attendre,

Passe son doux printemps à fouiller les trésors,

A s'instruire dans l'art d'enfanter des accords.

Se formant aux vertus, suivant la route sage

Où l'amour maternel la guide en son jeune âge,

Elle embellit ses jours de l'attrait des beaux arts ;

La première, c'est toi qui plais à ses regards.

Qui mieux que toi répand la douce jouissance

Qui peut, sans la blesser, enivrer l'innocence?

Oh ! tu nous es donnée, en cet amer séjour,

Comme un gage des cieux, nous gardant leur amour !

Je pénètre avec toi dans un lieu de bombance,

Où lambris et service étalent l'opulence ;

Où les vins les plus fins, et les plus rares mets

Chatouillent le palais des friands, des gourmets.

Et là, chaque convive, à l'étroit sur sa chaise,

Auprès de son voisin craint de prendre trop d'aise ;

Front baissé sur la table et serviette au gilet,

Vide souvent son verre, et rend souvent plat net.

Chacun voudrait trouver, sans user de licence,

Quelque mot excitant à la réjouissance ;

Mais la Bourse qui vient de convertir son taux,

Les intérêts que l'Est accorde aux capitaux,

Les Polonais martyrs, nos armes au Mexique,

Le canal de Suez, les luttes d'Amérique,

Avec les chauds, les froids, la lune et son quartier,

Venant sur le tapis, l'occupent tout entier.

Le cercle, s'animant, s'inspire de critiques ;

Se montre hérissé de discours politiques ;

Et le vin, coup sur coup, exaltant les humeurs,

Ce ne sont plus bientôt que bruyantes clameurs.

La jeune fille fuit, l'épouse se déplore,

Le chien se sauve avec l'os charnu qu'il dévore ;

Servantes et laquais courent épouvantés ;

Renversent, se heurtant, poulardes et pâtés....

Cependant, le dessert apparaît sur la table ;

Et c'est l'heure ou jamais de se montrer aimable.

Après quelques instants, tous les cris apaisés,

Au plaisir les esprits paraissent disposés.

Bientôt, de la chanson le charme se déploie ;

Elle amène l'entrain, les bravos et la joie ;

Et dévoile pour tous les grâces d'un talent,

L'organe le plus pur, le vers désopilant.

Et quoiqu'elle n'ait pas, comme voulait Terpandre,

L'agrément d'une lyre, à l'accent toujours tendre,

Chez tous s'épanouit la plus franche gaîté ;

Et les toasts sont pour ceux qui le plus ont chanté.

— Ainsi nos Bérangers, par leur muse légère,

Rendent doux et riant tout front sombre ou sévère.

Mais regretterais-tu, Musique, les beaux jours

Où vivaient sous tes lois les heureux troubadours ?

Dégagés des liens dont souvent la richesse

Entoure les mortels qui l'encensent sans cesse,

Libres comme l'oiseau qui s'échappe du sol,

Et charmant tous les lieux où s'arrêtait leur vol,

Ces poètes avaient la terre pour patrie,

Pour palais l'univers, pour nectar l'harmonie ;

Admirant la nature, et chantant les exploits,

Ils frappaient les méchants, louangeaient les grands rois ;

Et le luth à la main, parcourant l'hémisphère,

On les voyait marcher sur les traces d'Homère.

— Si, souvent, le poète aujourd'hui, sans ta voix,

Célèbre les amours, les vertus, les exploits ;

Comme autrefois, le peuple et l'écoute et l'admire ;

Il s'enflamme, il s'arrête, aux échos de sa lyre ;

Et des castels encor les seigneurs, s'émouvant,

Lui font baisser leurs ponts, et l'honorent souvent.

Car toujours vit en lui la divine harmonie,

Qui, parlant en son cœur, excite son génie ;

Tu l'exaltes toujours par des accents secrets ;

Et le mode a changé sur les pas du progrès,

Sans abaisser ta gloire.

Et tu voyais naguères

De tendres amoureux, déguisés en trouvères,

Aller à pas tremblants, se glissant et sans bruit,

Chanter à leur amante, aux heures de la nuit.

Sur les bords de l'Arno, sous le ciel de Grenade,

Et romance et guitare offraient leur sérénade ;

Et les plus doux accents peignant un doux amour,

La belle se montrait, souriante à son tour.

— Heureux âge, heureux jours, chers à la poésie,

Qu'êtes-vous devenus ? — La tendre mélodie

Ne sait plus s'élever sous les coquets pavois :

Les amours ont perdu leurs charmes d'autrefois.

Cependant, sous la zône où toujours se captive

Le plus doux des printemps, où la vague plaintive

Se lève pour lécher les bords les plus fleuris,

La gondole s'élance, avec les joyeux cris

Qui partent de la rive. Elle va gracieuse,

Comme avec son amant une tendre amoureuse ;

Et, toujours se berçant, et toujours balançant

Sa coquille légère, elle vogue, en pressant

L'onde avec volupté. Mais elle étend son aile ;

Sa voile blanche luit et va fuir avec elle :

Et le bruit cadencé des rames dans les flots

S'unit à la chanson des bardes matelots ;

Et la côte redit la douce barcarolle,

Dont le refrain naïf avec la brise vole.

Ainsi, quand de la nuit les voiles sont baissés,

S'élèvent des accents, vers Venise poussés.

Et les gais gondoliers, de lagune en lagune,

Reviennent en chantant, aux clartés de la lune.

D'héroïques accents font retentir les cieux ;

Et je te vois ouvrir un champ plus glorieux.

Joignant à tes douceurs la force de tes charmes,

Tu vas déterminer la fortune des armes.

Ta sonore éloquence inspire à nos guerriers

La bouillante valeur qui cueille les lauriers.

C'est avec tes accents qu'ils appellent la gloire ;

C'est encore avec toi qu'ils chantent la victoire.

Dans les plaines de Mars, on voit leurs bataillons

S'ébranler, à la voix des tambours, des clairons.

Mille canons tonnants, la vive fusillade,

Les chants de la mêlée et ceux de l'escalade,

La charge qui s'y mêle et commande le pas,

La mitraille qui siffle et sème le trépas,

Rendent les combattants acharnés et terribles :

Ils bravent mille morts, ils sont tous invincibles.

Et l'on entend ta voix, excitant leurs transports ,

Malgré la canonnade, enfanter des accords ;

Et qui, comme autrefois Tyrtée, en Messénie,

Fait vaincre par le fer, les chants et l'harmonie.

— Les coursiers frémissants, et les plaints des blessés,

Le râle des mourants, sur les morts entassés ;

L'acier contre l'acier, les vapeurs de la poudre,

Dérobant les carrés que traverse la foudre,

Les chocs de la fureur et l'éclat des obus,

Les hourrahs des vainqueurs, la rage des vaincus,

Laissent encor percer, dans l'air criblé de balles,

De tes mâles accents les trompes, les cymbales.

— Et la victoire alors vient, le front radieux,

Se montrer dans les rangs de ses fils valeureux.

Sur eux elle répand les reflets de sa gloire,

Et vole les inscrire au temple de mémoire ;

Car, défenseurs des droits et de la liberté,

Leurs noms seront aimés de la postérité.

— Bientôt, la renommée, embouchant ses trompettes,

Va dire à l'univers leurs hauts-faits, leurs conquêtes.

Et, quand vont ces héros, serrés sous leurs drapeaux,

Goûter dans leur patrie un glorieux repos,

Partout où la fanfare annonce leur passage,

Ils trouvent des vivats le chaleureux hommage ;

Des peuples orgueilleux de leurs brillants exploits,

Viennent serrer leurs mains et leur offrir leurs toits ;

Et, des fleurs sous leurs pas, des lauriers sur leurs têtes,

Partout s'ouvrent pour eux des banquets et des fêtes.

Je n'irai pourtant pas, plein d'admiration,

Proclamer qu'en nos jours tu fais vivre Amphion ;

Je n'ajouterai pas qu'en entraînant les arbres,

Tes accents enchanteurs font mouvoir grès et marbres ;

Que du plus fier torrent ils arrêtent le cours,

Et rangent à tes pieds les tigres et les ours.

Ta gloire a ses lauriers, ses palais, ses trophées,

Et l'on voit parmi nous encore des Orphées.

Mais ils ne changent pas les lois de l'univers ;

Ils n'ont pas d'Eurydice à reprendre aux enfers ;

Et, remplis de tes feux, leur voix suave et pure

Sait émouvoir nos cœurs, et chanter la nature.

Les âges, apportant le progrès dans les arts,

T'ont donné d'autres voix et d'autres étendards.

Les cultes et la danse, avec la poésie,

Ont vu s'étendre ailleurs les flots de l'harmonie.

Ainsi, nous avons vu les Lulli, les Rameau

Donner à ton empire un aspect tout nouveau.

Après eux vinrent Glück et Méhul, leur élève,

Montrer jusqu'où ton règne et s'étend et s'élève.

Le merveilleux Beethoven et le brillant Mozart

Nous mirent sur les pas du sublime de l'art.

Aussitôt, se dressant dans ta noble carrière,

L'illustre Sachini répandit sa lumière ;

Et depuis, se pressant sous tes divins pavois,

Ont brillé mille noms, ont charmé mille voix.

Cédant à tes appas, partout je t'ai suivie ;

Dans tes bras délirants, j'ai pu, l'âme ravie,

Goûter de saints transports ; et ta douce saveur

A dans l'enivrement souvent plongé mon cœur....

Mais, de nouveaux accents se font encore entendre ;

Et quelles sont ces voix qui viennent me surprendre ?

— Sous un dôme sacré s'élèvent des autels,

Où sont agenouillés les plus fervents mortels.

Eloignés du chaos, des miasmes du monde,

Ils demandent au ciel une grâce féconde ;

Et, dirigeant vers lui leurs esprits, leurs ardeurs,

Savourent des parfums qu'envieraient bien des cœurs.

Sous l'effet des élans d'une joie extatique,

L'ivresse de leurs seins s'exhale en un cantique ;

Et, pour monter aux cieux, à leurs pieux accents,

Viennent bientôt s'unir des nuages d'encens.

Et tous les assistants, suivant le sacrifice,

Chantent timidement les hymnes de l'office,

Que l'orgue tout tremblant, conduit de ses cent voix,

Et fait monter aussi jusqu'au pied de la Croix.

L'harmonie et l'amour qu'en ces chants on respire

Touchent, inspirent l'âme ; et c'est sous leur empire

Que l'homme, s'élevant jusqu'à son créateur,

Rend grâce à son amour, honore sa grandeur ;

Qu'il pleure ses méfaits, expose sa faiblesse ;

Qu'il gémit, qu'il adore et grandit et s'abaisse ;

Sublimes sentiments qu'accorde la ferveur

A tous ceux dont le sein peut s'ouvrir au Seigneur.

O toi, qui sais t'unir aux hymnes, aux prières

Qu'adressent au Très-Haut, à l'autel des mystères,

Les humains prosternés, rends-moi d'autres accords,

Car, pour te célébrer, je suis à bout d'efforts !

Je ne te suivrai pas aux champs béatifiques,

Pour aller écouter les harpes séraphiques,

Ni pour mêler ma voix au cantique éternel :

Mon être est retenu par un lien charnel.

Mais, pure séductrice et douce enchanteresse,

A jamais verse-nous le bonheur et l'ivresse ;

Et, toujours ton triomphe emplissant l'univers,

Je te laisse à ton trône, et je reste à mes vers.

www.ingramcontent.com/pod-product-compliance
Lightning Source LLC
LaVergne TN
LVHW022149080426
835511LV00008B/1337